EL PODER DE LAS CRIPTOMONEDAS
LA SOLUCIÓN A ESTA ECONOMÍA INESTABLE

I0481678

Abratte, Cristian
    El poder de las criptomonedas. - 1ª ed.
- Buenos Aires: Editorial Entresuelo, 2018.
    46 p. 15x23 cm.

    ISBN: 9781984197726

    1. Autoayuda. 2. Finanzas personales.
3. Negocios online. I. Título II. Serie
    CDD 331

Dirección Editorial:
Luisina Dávila

Impreso por CreateSpace

Este libro es una breve introducción al increíble mundo de las criptomonedas. Aunque la información del tema es muy vasta, quizá necesites saber más para aprovechar al máximo tus oportunidades y por eso quiero invitarte a que sigas formándote con un video-curso que será completamente gratuito para ti: ingresa ahora en www.ingresosconbitcoin.com

¡Te deseo el mayor de los éxitos!

Un abrazo,

Cristian Abratte.

ÍNDICE

I. INTRODUCCIÓN

El mundo actual está funcionando muy diferente de como lo hacía algunos años antes. ¿Recuerdas cuando apareció Internet? La mayoría de las personas no entendían muy bien qué era realmente y para qué servía. Incluso había personas que que se oponían fervientemente a Internet y a las nuevas tecnologías porque no las entendían y no creían que fueran fructíferas. Sin embargo, cuando se dieron cuenta de todo su potencial, cuando fueron testigos de todo lo que se logró mediante Internet y supieron que había mucho más aún por descubrir, se produjo un cambio de paradigma mundial, no solo a nivel económico sino también a nivel cultural.

Internet surge en 1969 gracias al departamento de defensa de Estados Unidos, que creó una red de computadoras para que durante la guerra fría las comunicaciones militares norteamericanas fueran menos indefensas. Luego en los '80, se desarrolló gracias al interés de los campos científicos y académicos, creándose así en 1989 el *World Wide Web* (WWW).

Y a partir de ahí el resto es historia y continúa evolucionando.

En su libro *Historia viva de Internet*, Luis Ángel Fernández Hermana cuenta el impresionante desarrollo de esta gran herramienta a través de los años:

A finales de los años 90 del siglo pasado, era común escuchar en conferencias, o leer en artículos y ensayos referidos a las tecnologías de la información y la comunicación (TIC), que "en diez años, estaremos todos en Internet y ni nos daremos cuenta, formará parte de la vida cotidiana". Han pasado esos diez años y unos cuantos más y aquí estamos: con Internet efectivamente incrustado en la vida cotidiana de millones de personas. Pero nos damos cuenta de su presencia, y mucha. La incorporación de la Red a los hábitos diarios ha adquirido una velocidad, una inmediatez, un alcance y unas dimensiones de tal calibre que, por una parte, transforma el mundo que toca incluso aunque sea por mera proximidad, volviéndolo tan complejo e intrincado como lo es, por ejemplo, la creación de lo global y lo local y sus infinitas concatenaciones.[1]

En la década de los noventa casi nadie imaginaba que la WWW iba a mover el mundo tal y como lo estamos viviendo, sintiendo y experimentando hoy día. Un mundo donde la manera en la que nos relacionamos ha cambiado, la manera en que consumimos, en que podemos aprender a distancia, hacer negocios desde cualquier lugar del mundo, etc. Y todo eso y mucho más desde la comodidad de nuestro hogar con tan solo un *click*.

Es por ello que no es sorprendente que el mundo financiero también se encuentre actualmente en una revolución de nuevos cambios y de nuevas oportunidades digitales gracias a Internet, a las nuevas tecnologías y a las empresas que nacen y se desarrollan cada día más de forma *online*.

Los expertos financieros denominan a este gran cambio que está sucediendo hoy como la nueva transferencia financiera que está revolucionando la historia de la humanidad para crear nueva riqueza.

Ahora nos encontramos en el momento idóneo para permanecer con una mente abierta, aprendiendo y obteniendo el conocimiento de todo lo que está sucediendo a nuestro alrededor para descubrir el gran poder de las criptomonedas. Es importante conocer el verdadero valor de las criptomonedas y los beneficios que se obtienen al realizar operaciones con este sistema de cambio digital, cómo ha surgido, los cambios que nos trae, los beneficios y oportunidades que nos aporta para construir un mundo mejor y más justo.

----

1. Fernández Hermana, Luis Ángel (2012). *Historia viva de Internet. Los años de En.red.ando (1996-1998)*. Barcelona: Editorial UOC.

Las criptomonedas nacen como la respuesta y la solución a esta economía inestable que aún estamos viviendo y padeciendo en la actualidad. Llegan pertinentemente en el momento en que necesitamos darnos cuenta de que no estamos llevando el control de nuestras finanzas, que hemos vivido engañados por un sistema que no asume que ha ocurrido una expansión económica. ¡Bienvenido/a al apasionante mundo de las criptomonedas!

II. EL SISTEMA FINANCIERO Y MONETARIO ACTUAL

Para poder conocer y entender a las criptomonedas, cómo surgieron y cómo funcionan, primero tienes que tomar consciencia y comprender lo que ha sucedido y está sucediendo en el sistema financiero y monetario actual.

Es algo complejo de entender pero voy a explicarte de forma sencilla lo más relevante que tienes que conocer acerca de lo que está sucediendo en relación al sistema financiero que tenemos hoy, con el objetivo primordial de que entiendas y analices esta gran oportunidad que se nos presenta a ti, a mí y a todas las personas en este mundo digitalizado como la solución y la respuesta adecuada a esta economía global debilitada e incierta. De esta forma cuando comprendas el pasado y el presente podrás también comprender mucho mejor el futuro.

Está claro y es un hecho ya constatable que algo no se está haciendo nada bien, debido a las grandes crisis financieras que estamos sufriendo y padeciendo. Y no solo crisis financieras, estamos sufriendo también crisis emocionales, de valores y morales. Por eso mismo es importante conocer y comprender lo que no funciona para poder cambiarlo.

Lamentablemente a la mayoría de las personas no nos enseñaron educación financiera como nos enseñaron geografía y matemática. Eso hizo que supiéramos poco y nada de todo lo relacionado con la economía. Si a un grupo de personas sin educación financiera les preguntaran por qué la crisis económica aún no está resuelta por los gobiernos, la mayoría daría respuestas dependiendo de lo que ve a su alrededor, o de lo que escucharon de otros o de lo que les parece pero no saben muy bien y no están seguros, o confesarían que no tienen la menor idea. Por este motivo es de vital importancia adquirir educación financiera, porque es un tema que nos afecta a todos sin excepción, tanto en nuestra vida personal como profesional.

Empecemos por el concepto de lo que es el dinero. El dinero es un medio de pago o de intercambio aceptado comúnmente por la sociedad, en general en forma de billetes o monedas, y que se usa para el pago de bienes, de servicios y de deudas.

El sistema que había en la antigüedad era el llamado "trueque" que consistía en el intercambio de bienes o servicios por otros bienes o servicios iguales o diferentes. Por ejemplo, te doy leche a cambio de naranjas. Pero este sistema tuvo sus desventajas a medida que la economía se empezó a expandir y desarrollarse y para que el transporte y lo que se ofrecía fuera variado y más ágil además de superar estas desventajas, se creó el dinero como medio de intercambio o pago generalmente aceptado y apareció como medio de cambio por una mercancía usada.

En ese tiempo cualquier cosa no valía como dinero y tenía como requisitos ser aceptado como válido por todo el mundo además de cumplir con unas características como ser perdurable, no ser pesado, entre otras.

Y así fue como en algunas civilizaciones se usaron los metales (como el hierro, el cobre, la plata y el oro) como dinero-mercancía. En este sistema no hacía falta que el Estado garantizará su valor ya que el dinero tenía valor por sí mismo, es decir, según el peso del metal así valía el dinero.

Cuando llegó el momento en que el oro se concretó como moneda única vino la creación del papel en monedas y billetes para la realización de las compras y ventas que eran cambiados según las cantidades de oro o plata depositadas en los bancos. Así por ejemplo cinco dólares valía equis cantidad de oro.

Este sistema fue creado porque se podía emitir una cantidad limitada de dinero según la cantidad de oro que había en la reserva. Como consecuencia de ello, el dinero (billetes y monedas) solo tenía valor cuando la riqueza ya había sido producida y aún no había sido gastada.

Luego el dinero fiduciario (papel moneda) que significa "buena fe, confianza" se transformó en dinero *Fiat,* que significa "así sea", esto es, los billetes y monedas en efectivo que existen por orden de la autoridad que gobierna y por decreto, ya no se pueden cambiar por oro o plata dado que están respaldados por una promesa de pago por parte del Estado.

El dinero funciona porque es aceptado por todos nosotros. La mayor cantidad de dinero disponible en la actualidad es dinero fiduciario. Para medir la cantidad de dinero creado, se suma cuanto dinero se encuentra en circulación en dicha economía.

El dinero se crea a través de varias formas: una de ellas es el dinero bancario (depósitos como las cuentas de ahorro, cuentas bancarias, etc.), elaborado por los bancos privados. Este dinero bancario no es físico ni tangible ni es en efectivo, son unos registros con números contables organizados en archivos para cada usuario en el ordenador.

A pesar de no ser dinero físico cumple con sus funciones básicas y es aceptado como medio de pago a través de transferencias, tarjetas de crédito y débito, cheques entre otros.

Este dinero bancario es creado por los bancos privados por medio de los préstamos que realizan con el dinero que deposita cada uno de sus usuarios o clientes por ejemplo con los ahorros de cada persona que generalmente se guardan en los bancos en forma de depósitos.

Su objetivo primordial es captar muchos clientes para que depositen sus ahorros y así ellos puedan realizar préstamos a otros usuarios y cobrarles por ello un interés siempre más elevado y ahí están sus grandes beneficios.

Este sistema de dinero bancario, por así decirlo, es lo que tenemos hoy. Un sistema donde el negocio del banco consiste en usar dinero de otras personas para crear dinero de la nada y volver a prestar de nuevo para volver a crear dinero de la nada, mientras subsisten y crecen cobrando todos los intereses.

La otra forma es el dinero legal que es el dinero creado por el Banco Central por medio de la acuñación de monedas e impresión de billetes que sería el efectivo.

A lo largo de la historia hubo muchas crisis financieras, desde el fin de la Segunda Guerra Mundial hasta la década de los años setenta y desde los años setenta hasta hoy, se han constatado aproximadamente más de 160 crisis bancarias en más de 90 países.

En el 2008 y 2009 ocurrió una crisis financiera global que se pudo evitar y hasta el momento nada puede describir lo terrible que fue esta crisis financiera. En realidad fue y sigue siendo una crisis a base de deudas.

Fueron muchos empresarios, banqueros, personas y entidades que perdieron muchísimo dinero e incluso algunos no han podido aún hoy en día recuperarse tanto de forma emocional y económica como judicialmente.

Pudimos comprobar con solo mirar la televisión todos los sucesos que ocurrieron en relación a políticos, bancos y empresas, cómo no fueron transparentes y no nos proporcionaron ejemplos morales, obteniendo lamentablemente graves consecuencias en muchas personas, tanto adultos como niños.

La consecuencia fue un verdadero caos en el mercado, donde todos nosotros en mayor o menor grado, nos sentimos perjudicados y sufrimos las consecuencias tan negativas en nuestras propias vidas, o las vimos en nuestros propios familiares y amigos.

La mayoría de las crisis financieras se pueden evitar pero todas ellas tienen un común denominador y es el deseo de poder que tienen las organizaciones, los entes gubernamentales y las autoridades.

Sin embargo esta crisis fue el principio del crecimiento de una nueva era, ya que les trajo crecimiento y prosperidad a algunas personas y empresas.

Pero esta no fue la única crisis que el mundo enfrentó. En los años noventa había sucedido algo parecido ("la crisis de las tecnologías" o la "burbuja punto.com"), con lo que se consideraba que era algo necesario especialmente para la industria tecnológica.

Después de todo hubo un increíble surgimiento de las empresas tecnológicas. Sin embargo no fue por siempre pues varias de las más grandes empresas de tecnología del momento fueron perdiendo su valor y tuvieron que cerrar sus puertas.

Por otra parte, hay que destacar y resaltar que a pesar de que grandes empresas de tecnología cerraron sus puertas en esa época también surgieron empresas como Google y Amazon y estas industrias estaban comenzando precisamente a crecer cuando ocurrió esa caída tecnológica.

Fue una época muy difícil pero estas dos empresas lograron mantenerse y hasta el día de hoy siguen siendo las más poderosas del mundo.

Vale decir que cuando ocurre la caída de este mercado, muchos consideraron que no era una buena idea pensar en la inversión de nuevas empresas de tecnología. A pesar de ello las empresas que no eran consideradas buenas para invertir en ellas pudieron recuperarse.

Todo esto se hizo en secreto, nunca fue manifestado todo este proceso hasta que se obtuvieron los resultados deseados.

No obstante, todas estas inversiones se hicieron a base de deudas que se vieron en riesgo durante los años 2008 y 2009 en la crisis que mencionamos anteriormente.

Los gobiernos y los bancos centrales volvieron a elegir las deudas para incrementar así según ellos el bienestar en general y que los presupuestos no fueran desequilibrados.

Y nosotros como sociedad no involucrada en todo este movimiento fuimos los responsables de pagar estas deudas porque no se habían generado activos que sostuvieran a estas empresas.

Y en medio de la recuperación quienes se beneficiaron fueron los banqueros y gerentes de Wall Street.

Esto tuvo una repercusión financiera y los presupuestos globales se vieron afectados, muchas empresas fueron quebradas, muchas personas perdieron sus bienes, incluso algunas personas lamentablemente hasta perdieron la vida.

De modo que las deudas no son la mejor opción para hacer crecer a una empresa y a una economía global.

Esta década en lugar de ser fructífera, fue solo un momento para acumular más y más deudas que se creía que podrían ser saldadas.

El gobierno de los Estados Unidos, Japón, Australia y Reino Unido estuvieron involucrados en grandes porcentajes de deudas.

El mercado financiero comenzó a recuperarse en 2009 y la crisis parecía no estar tan pronunciada. Cuatro años más tarde los gobiernos continuaron aumentando las deudas, pensando que esta era la única manera de salir de la crisis y en lugar de recuperarse solo volvieron a caer de nuevo y esta vez aún peor.

Un gobierno que no puede pagar sus deudas necesita buscar la manera de hacerlo y tiene el poder para aplicar las estrategias que considere necesarias.

En ese momento países como Grecia y Chipre estuvieron a punto de irse a banca rota por causa de tantas deudas.

De igual manera, si los Estados Unidos hubieran llegado al punto al que llegaron estos dos países, las finanzas y los mercados globales se hubieran venido abajo. Esto fue causa de la preocupación de muchos inversionistas que buscaron la manera de proteger sus intereses.

Estados Unidos aún sigue pagando las consecuencias de tantas deudas y al parecer no está dando buenos resultados que permitan ver que va saliendo de esta situación financiera tan incierta e insegura.

Es por todo eso, es de vital importancia para ti y para todos conocer cómo funciona el sistema financiero tradicional del que hemos venido hablando. Un sistema poco eficiente y efectivo.

Un sistema que está diseñado para beneficiar a las élites y entes gubernamentales, mientras que como ciudadanos, no nos favorece en nada.

Nosotros disminuimos nuestro capital mientras el de ellos se mantiene igual y aumenta de forma regular e instantánea, cada vez que realizas una transacción bancaria.

Todo el sistema esta creado para su beneficio, siempre se quedan con un porcentaje de tu propio dinero.

Existe una organización que facilita las transferencias de dinero en todo el mundo llamada SWIFT y en parte tiene la culpa de que estos servicios y sistemas bancarios no sean eficientes.

SWIFT no envía dinero real, no tiene fondos y solo facilita la transacción generando una comunicación entre las instituciones bancarias para que puedas completar el proceso. Sin este sistema (Swift) no podrías enviar dinero a otros países, por lo que debes usarlo sí o sí.

Nuestra confianza esta puesta en estos sistemas de pago, todos recurrimos a realizar transacciones bancarias sin temor alguno. Pero, ¿Qué sucedería si todo el mundo decidiera usar otro sistema alternativo?

Es una amenaza total para este sistema bancario. Los entes gubernamentales no tendrían el control de las finanzas ni de los sistemas de pago.

Sin embargo los bancos no son los únicos que realizan este tipo de operaciones, existen plataformas digitales de pago que te permiten realizar con mayor facilidad tus transacciones, aun si no tienes una cuenta bancaria, aunque es poco inusual que alguien en el mundo todavía no tenga una cuenta bancaria. pero existen.

Estadísticamente existe un 27% de personas en el mundo que aún no están involucradas en este sistema bancario tradicional y por lo tanto no tienen acceso a los demás sistemas de pago ni a transferencias bancarias.

Por esta razón y por ser un sistema que es ineficaz en muchos aspectos el sistema tradicional deberá involucrarse en el criptomundo o de lo contrario se convertirán en sistemas inútiles, puesto a que aún continúan operando con monedas de carácter fiduciario, es decir, el Estado continúa siendo el encargado de las mismas. Cada Estado emite su propia moneda y solo conocen su propia opción o sistema de pago.

Solo muestran interés por su propia moneda y su riqueza, por ejemplo: la moneda de Estados Unidos es el dólar, la de Reino Unido es la libra y así sucesivamente cada país, pretendiendo cada vez ser más ricos y dominantes a nivel financiero.

Es muy importante que comprendas bien lo complejo del sistema pues ha permitido el nacimiento y el crecimiento del bitcóin como la solución y la respuesta a esta economía incierta e inestable.

Las criptomonedas llegan pertinentemente en el momento en que necesitamos darnos cuenta de que no estamos llevando el control de nuestras finanzas, que hemos vivido engañados por este sistema. Debemos de entender que las cosas están cambiando de una forma muy rápida y el mundo ya no funciona como antes. Y eso es exactamente lo que está sucediendo con la industria financiera y en este caso con las criptomonedas.

Cada día que avanza somos más conscientes de que necesitamos otro sistema que funcione mejor para un mundo mejor, más justo y con igualdad de oportunidades. Dando como consecuencia una revalorización crucial de las monedas más importantes.

Es por este motivo que es de extrema importancia para ti y para todos conocer las criptomonedas y la tecnología que la respalda así como su funcionamiento y sus diferentes aplicaciones.

Cualquier persona puede hacerlo y crear su mina de oro gracias a la tecnología, es por ello que las autoridades se oponen a que este sistema tenga mayor auge, porque no pueden ejercer control sobre la producción de las criptomonedas.

Este sistema es igualitario, *peer-to-peer* (de igual a igual), no se necesita tener altos niveles de educación o ser de una clase social específica para poder operar en este mercado con facilidad y seguridad de intercambio.

III. EL GRAN CAMBIO DE JUEGO EN LA ECONOMÍA MUNDIAL

En medio de la crisis del 2008 y 2009 ocurre un acontecimiento que no se esperaba en el mundo digital. Un desarrollador llamado Satoshi Nakamoto hizo público un comunicado que se titulaba "bitcóin (BTC): Un sistema de dinero electrónico de igual a igual". Creó el protocolo bitcóin y su software de referencia bitcóin Core.

Esta publicación trataba de la creación de una moneda digital que solo era conocida por *hackers* y usuarios involucrados en la *Deep Web* (Internet profunda).

Esta moneda fue llevada a discusión en varias reuniones del Congreso de los Estados Unidos, del Parlamento Australiano, y muchos inversionistas de bancos e instituciones financieras se interesaron por esta idea emocionante y divertida.

Los acontecimientos durante el año 2013 fueron propicios para que surgiera una nueva revolución tecnológica y las monedas digitales bitcóin (BTC), que son las más conocidas y fue la primera moneda digital, surgida en el año 2008.

Comenzaron a tener un mayor alcance en contra del sistema bancario tradicional como la solución y la respuesta a su ineficacia.

En ese año había un problema financiero en el mundo y los medios de comunicación estaban comenzando a inclinarse y a hablar de las bitcóins, por lo que esto generó un gran desarrollo financiero.

El mundo entero se comenzó a interesar por este nuevo sistema financiero pues comenzó a aumentar su precio hasta llegar al valor de la onza de oro.

Nadie podía creer que esto llegara a suceder. Por lo tanto, sin los conflictos financieros ocurridos en los años anteriores no hubiéramos conocido el surgimiento de las bitcóins y las criptomonedas.

Todos tenemos la gran oportunidad ahora de ingresar a este sistema financiero alternativo y este es el poder de las criptomonedas. Su fin es plenamente transaccional y económico.

¿Qué son las criptomonedas y cuál es su verdadero potencial? ¿Cómo surgieron y cómo van en aumento?

Como comentaba anteriormente las criptomonedas llegan pertinentemente en el momento justo.

Los bancos son los únicos que realizan las operaciones de envío de dinero a otros países, esto suele ser muy costoso por las altas tasas de comisiones y muy complicado de hacer.

Gracias a la aparición del bitcóin y las criptomonedas ahora los ciudadanos de cada país tenemos el acceso más rápido y fácil dentro del mundo financiero. También gracias a la ineficacia de estos sistemas financieros tradicionales que es lo que nos lleva a buscar nuevas formas de crecer y mejorar.

Esta moneda está revolucionando financieramente la historia de la humanidad debido a que nos permite al igual que otras criptomonedas enviar y recibir dinero sin pedir permisos, ni tener intermediarios, de forma inmediata y desde el móvil con un costo económico y justo.

Las criptomonedas son el dinero digital del futuro. Gracias a la nueva tecnología que las componen, los bancos y entidades financieras temen ya, porque su eficaz uso y utilidad, va a hacer que ellos entren en riesgo y desaparezcan en algún momento. Por lo tanto no los vamos a necesitar nunca más.

Las criptomonedas sirven igualmente para intercambiar bienes y servicios, igual que el dólar o el euro. Lo que se diferencia de las otras monedas como el dólar o euro es que es una divisa o moneda electrónica descentralizada, es decir, no depende de un sistema centralizado ni nadie la controla, ni bancos, ni ningún Estado, ni institución financiera, ni empresa, sino que depende de un sistema igualitario.

Las criptomonedas son producidas por personas y empresas y se pueden usar de diversas formas. Por un lado como medio de pago, cada día más las empresas están empezando a aceptar las criptomonedas como medio de pago, lo cual hace que su valor y confianza estén creciendo más y más. También se usan como inversión, algunas personas las están usando y aprovechando como una inversión a futuro o como dicen algunos analistas como "valor refugio" ya que su tendencia está en crecimiento.

bitcóin (BTC) es la primera criptomoneda en usar la tecnología *BlokChain* (cadena de bloques) y gracias a esa tecnología es imposible su duplicación o falsificación debido al sistema criptográfico que usa.

Actualmente el mercado de las criptomonedas cuenta con un capital total de más de 93.000.000 millones de dólares con un promedio de 1.800 millones de transacciones diarias y siguen creciendo exponencialmente.

El valor de las criptomonedas va a ser mayor a medida del tiempo y su importancia cada vez más será incrementada. Las bitcóins no son algo físico, son un activo digital y se manejan en línea.

Actualmente las bitcóins valen el doble de la onza de oro y son el activo que más vale, esto hace que cada vez sea más popular este nuevo y revolucionario sistema de finanzas.

Desde el año 2009 el bitcóin (BTC) pasó de valer unos céntimos de dólar a cotizar en $13,51 a finales del 2012 y $1.147 a finales de 2013. En Junio de 2017 ya valía más de $3.000. Hoy el valor del bitcóin llegó a los $20.000 y se estima que seguirá creciendo y creciendo de forma continua en los próximos años.

James Altucher, un conocido selector de valores e inversor del sector tecnológico en Estados Unidos, afirma que:

"Las criptomonedas van a sustituir al papel moneda como moneda transaccional. De la misma forma que Internet cambió la industria de la telefonía, que era casi un monopolio, las criptomonedas cambiarán la monopolización del dinero respaldado por gobiernos".

El incremento es realmente sorprendente, esta moneda con el tiempo incrementa su valor en lugar de disminuirlo. Nunca nada había tenido tanto resultado como el que tiene hoy este nuevo sistema financiero digital.

No existe riesgo mayor al involucrarte en este nuevo sistema financiero digital, el único riesgo que existe es el hecho de no aprovechar la oportunidad de involucrarte en él y de este modo cambiar tu vida financiera.

Hay muchas personas que tienen el deseo de involucrarse en el mundo de las criptomonedas pero no están seguras de si hacerlo o no y al mismo tiempo tienen miedo de "quedarse afuera". Esto no es más que una demostración de que existe el FOMO en sus vidas.

El FOMO acrónimo de *"Fear of missing out"* (miedo a quedar excluido) es una condición psicológica que nunca antes había predominado en la sociedad. Se trata del miedo a la exclusión digital y es lo que hace que sintamos la necesidad de estar involucrados en todo, un ejemplo de ello son las redes sociales. Todos desde el momento en que nos levantamos recurrimos a revisarlas porque tenemos la necesidad de saber qué es lo que está ocurriendo en el mundo. Es el encargado de promover las noticias de Internet, de hacer virales post, fotos, artículos o videos. También fue el que ayudó a promover la noticia del surgimiento de la bitcóin. Desde el momento en que surgieron, todos quisieron comprarlas, nadie se quería quedar afuera de esta novedad.

Todos los medios dieron a conocer el increíble progreso de esta moneda, por lo que se convirtió en un FOMO global.

Esta moneda que surge de la *Deep Web* estuvo publicada en muchos medios importantes y revistas de gran trascendencia para la sociedad.

Poco a poco esta fama del bitcóin fue incrementándose, a pesar de que nació de una Web oscura donde normalmente se manejaban ventas ilegales, sin necesidad de que existiera un narcotraficante. Todo se podía realizar a través de un ordenador, sin necesidad papeles y de forma anónima.

La *Deep Web* es la parte más profunda del Internet, se trata del contenido que no está indexado por los motores de búsqueda convencionales. La mayoría de las personas no conoce o tiene miedo de navegar en esta "Internet oscura" donde las páginas web pueden existir sin dejar huellas de que estuvieron ahí.

Se estima que solo conocemos el 4% de toda la información disponible e Internet, el resto de ella se encuentra sumergida en la *Deep Web*. Por esto, es el lugar perfecto para realizar movimientos ilegales.

Para comprar mercancía dentro de esta Web, los usuarios deben utilizar bitcóin, por esto, cuando el precio del bitcóin subió en el 2013 ya toda la comunidad de la Deep Web la conocía y utilizaba. Esta moneda les permitía a los usuarios realizar compras de manera anónima.

Luego del descubrimiento de un desarrollador informático acerca de que la moneda digital bitcóin no dejaba rastros, tecnólogos y futuristas se alertaron sobre este sistema y lo consideraron algo que podría cambiar el sistema financiero del mundo.

Siempre soñamos con la idea de poder hacer nuestro propio dinero, incluso cuando escuchábamos de niños que el dinero "no nace de los árboles", siempre tuvimos la ilusión de que sucediera. Con las bitcóins podías realizar pagos y comprar lo que deseabas, pero era dinero digital. Aunque podías convertirlo en monedas fiduciarias e imprimir tu propio dinero.

Poder hacer dinero no era la idea principal de la creación del bitcóin, sin embargo esto es algo verdaderamente atractivo y alucinante. Podías conseguir tu propio dinero de manera instantánea y sin dejar rastros. Quienes tuvieron la oportunidad de conocer este fantástico movimiento se interesaron en comprar su oro digital, es decir las bitcóins.

Gracias al artículo que publicó Adrián Chen ocurrió un incremento de las bitcóins pero también fueron bloqueadas por un corto período. Pues hizo que las autoridades se enteraran de lo que ocurría ilegalmente en la *Deep Web*.

Inicialmente las bitcóins eran la esperanza de un nuevo surgimiento financiero y por esa razón se convirtieron en una amenaza para el gobierno y para las autoridades, por lo que querían eliminarlas.

En el año 2012 parecía que iban a lograr derrumbar este sistema financiero, pero su caída en ese momento fue solo un momento de incertidumbre. Y como ya sabemos, el 2013 fue el año en el que nació una revolución financiera poderosa.

Europa y el resto del mundo estaban en un colapso financiero. Anteriormente hablamos sobre la caída financiera de Grecia, que permitió que el valor del bitcóin aumentara mucho más. En la actualidad, se encuentra en caída nuevamente por causa de sus deudas, esto puede ser crucial y generar la caída de muchos entes bancarios. Grecia llegó a considerar la posibilidad de dejar de utilizar el euro y establecer el dólar como su moneda oficial. La guerra financiera de Europa permitió el auge de las criptomonedas y el bitcóin. Las fallas de los bancos fueron algunas de las razones que permitieron que este nuevo sistema monetario tomara gran importancia en el mundo.

En este sentido las bitcóins son la estrategia perfecta para mejorar nuestras finanzas e incrementarlas. Para reconocer que necesitamos cambiarnos a este nuevo sistema financiero tenemos que comprender en profundidad cuáles son los errores de los sistemas tradicionales.

Uno de los problemas monetarios es el cambio de monedas en las casas cambiarias, no resulta favorable hacer este movimiento pues en lugar de cambiar mi moneda por el precio que vale obtengo un descuento del valor de mi moneda.

Las casas de cambio siempre obtienen un porcentaje por cada moneda cambiada sea de la denominación que sea. Estos porcentajes son descontados en tasas de interés. Por lo que cada usuario que acude a cambiar su moneda debe cancelar una cantidad de comisiones aparte.

Todos los sistemas te restaran dinero, tanto los bancos locales como los bancos extranjeros y las casas de cambio. En tanto que sigamos con estos sistemas tradicionales en lugar de generar ganancias, nos seguirán restando finanzas.

Como lo mencionamos anteriormente los países más grandes y más desarrollados se han encargado de generar más y más deudas, que desde su concepción son las que les permitirán el crecimiento de su estabilidad económica.

Cada país tiene una estrategia específica para generar sus ingresos, es decir, pueden cambiar la tasa en base a sus necesidades. Sin embargo, esto puede generar la destrucción de muchos sistemas de cambio en el mundo.

Nuevamente colocamos el ejemplo del presidente de los Estados Unidos, que solo se ha encargado de crear una guerra entre los países que son sus propios aliados, con el fin de generar más gastos de los que ya tiene. Se preocupa más por la infraestructura de su país, cómo ser las carreteras, y la gran muralla que pretende construir para separar a México de Estados Unidos. Esto es lo que hace que se deteriore una moneda, las deudas innecesarias que se crean. La economía se viene abajo y se incrementa aún más la inflación. El crecimiento económico del país queda en el total olvido.

Si hablamos de la Unión Europea podemos decir que está a punto de estallar, se ha dividido, algunos de los países que estaban involucrados en ella han decidido renunciar y no permanecer en conjunto.

Si la Unión Europea llegara a separarse todos los países volverían a manejar su sistema monetario. Ya no dependerían de nadie, manejarían sus ideales y todos tendrían la intención de proteger su moneda.

Esta separación de la Unión Europea podría traer más conflictos. El primer país en revelarse fue el Reino Unido y se piensa que tras él saldrán muchos más.

Esto se debe a la gran elevación de la derecha, por tanto, si esto termina de ocurrir, puede generarse un desastre económico, y cada país buscará estrategias para evitar que su sistema monetario decaiga.

En ese sentido, el sistema monetario tradicional se vendría completamente abajo y esto puede ser preocupante para muchos, pues se preguntarán cómo gestionarán los movimientos bancarios y quién manejará sus finanzas.

Esto y más puede ser la causa de una guerra económica mundial. Sin embargo, la única solución es el cambio a una moneda variable que no pierde su valor sino por el contrario lo incrementa a medida que pasa el tiempo. Estoy hablando del bitcóin (BTC) la moneda que puede cambiar el mundo financiero.

La India se encuentra en estado de crisis monetaria y el presidente ha decidido parar la circulación de su moneda (rupia) y aseguró implementar el uso del dólar con el objetivo de recuperarse de la crisis.

Es importante hacer referencia también a la situación en la que se encuentra Venezuela hoy, pues es el país con mayor inflación en la historia, el gobierno se ha encargado de destruir la economía del país. Si hablamos de su moneda podemos decir con propiedad que es la moneda que no tiene valor. Muchos de los venezolanos consideran el bitcóin (BTC) como una alternativa para salir de esta alerta roja.

Sin embargo el gobierno de Venezuela se ha encargado de alejar esta posibilidad de usar esta moneda digital pues teme que se deje de utilizar su moneda local. Esto es una amenaza total para ellos, porque si se implementara este nuevo sistema monetario, no podrían controlar las finanzas del país y no obtendrían ningún beneficio.

Por otra parte China se ha inclinado a introducir este nuevo sistema monetario, aunque es uno de los países más populares por sus avances tecnológicos, sigue siendo uno de los países más pobres. Aunque con este nuevo sistema monetario, China puede llegar a ser mayor a nivel económico en el futuro.

Esta es la diferencia entre un país que quiere desarrollarse y un país que solo busca el beneficio para el gobierno. En tal sentido si la crisis en el mundo se incrementa, las criptomonedas van a tener una mayor oportunidad de introducirse en el sistema.

Entonces, insisto, el bitcóin, es la solución para que exista una revolución financiera y el mundo digitalice su economía, y cada uno pueda tener un control individual sobre su propio dinero.

Es por eso que no es inseguro introducirse en este maravilloso y fascinante mundo de las criptomonedas, no arriesgas nada, solo pierdes si no estás prevenido ante los cambios que se avecinan.

IV. EL MOMENTO IDEAL ES AHORA

¿Por qué deberías mejorar ahora el futuro de tu economía comprando la mayor cantidad posible de monedas digitales?

Para comprender mucho mejor por qué el momento ideal para crear tu propia máquina de dinero digital es "ahora", te voy a contar sobre el inicio del bitcóin (BTC) y algunos términos que la engloban.

La primera vez que se hizo un cambio del bitcóin se hizo de la peor manera, fue hecho por "Anarchist Cyberpunk ninja A.K.A Sirius". Realizó un cambio de un bitcóin por un dólar estadounidense. En el año 2009 hizo el cambio de 5.050 monedas bitcóins por $5.02, es decir, no obtuvo ni la mitad de lo que realmente equivale a un bitcóin.

Otros eventos como este relacionados con el bitcóin te ayudarán a darte cuenta que para poder utilizar un bitcóin necesitas saber en qué lo vas a invertir.

Otro ejemplo de una mala inversión es la historia de un hombre que compró dos pizzas por 10.000 monedas bitcóin, que al cambio para ese entonces equivalía cada una $25; o sea que el costo de las pizzas fue de 250.000 dólares. Ese día se declaró como el "día de la pizza", porque nadie pudo creer que haya ocurrido algo así.

Estas historias sirven para evidenciar solo el comienzo del llamado Criptomundo y los eventos que hicieron cambiar para siempre al bitcóin (BTC).

Fueron muchos los acontecimientos que involucraron en principio a las bitcóins, como el descubrimiento de la *Deep Web* y todos sus movimientos ilegales y ocultos, o cuando ocurrió el hackeo de Mt.Gox que tuvo que pagar a sus clientes todo el dinero que le habían estafado pagando todas las deudas equivalentes a $17,50 por bitcóin. Se trataba de un intercambio de bitcóins con base en Tokio. Fue lanzado en julio de 2010 y entre 2013 y 2014 ya manejaba más del 70% de todas las transacciones de bitcóin de todo el mundo, siendo el mayor y principal intermediario del intercambio de bitcóins del mundo. Pero en febrero de 2014 Mt. Gox cerró su sitio web y finalizó su servicio de intercambio. Para abril de 2014 comenzó el procedimiento de liquidación. Mt Gox. anunció que aproximadamente 850.000 bitcóins de la compañía y sus clientes estaban desaparecidos y probablemente habían sido robados, una cantidad valorada en más de $450 millones en ese momento.

Otro de los acontecimientos importantes fue el momento de fama que tuvo el bitcóin cuando salió en un episodio de *The Good Life*, para ese entonces las personas no conocían de qué se trataba este sistema, solo sabían que se trataba de dinero digital, pero gracias a esta mención las personas comenzaron a interesarse en el bitcóin.

También es relevante mencionar el apoyo de China en el debate sobre las bitcóin, cuando decidieron adoptar este sistema como propio, argumentando que las personas debían tener libertad para involucrarse en el sistema de las bitcóins.

Aunque su nombre no nos deja tan claro que significa, y podemos pensar que se trata de una moneda, que es oro, o algún material físico de valor, en realidad no lo es, pues no posee un aspecto físico como tal.

Una forma de explicarte qué es un bitcóin es diciéndote que no es nada, no se compara a algún material de valor. Es más bien una serie de códigos matemáticos, pero lo puedes usar al igual que otro instrumento financiero.

Existen diferentes formas de pago en la historia, hablemos un poco de la permuta.

La permuta fue la forma como se compraba y vendía hace muchísimo tiempo. Consistía en la siguiente lógica: si tú poseías algún bien que yo necesitaba y yo tenía algún bien que tú requerías, intercambiábamos esos bienes de una forma justa, por ejemplo: si tú tenías una gallina ponedora de huevos y yo una vaca que daba leche y yo necesitaba huevos y tú leche, podíamos intercambiar dos litros de leche por una docena de huevos. A este sistema, que ya mencionamos anteriormente, se le denominaba el "trueque comercial".

En este caso los huevos y la leche se consideraban "monedas", era un buen método porque era simple y sencillo de usar, pero si alguna de las partes no lograba llegar a un acuerdo entonces se complicaba.

Cuando la permuta comenzó a tener problemas, entonces llegó lo que conocemos hoy como "dinero". El dinero es un sistema que permite a las personas adquirir un bien de una forma más sencilla.

El dinero permite hacer transacciones de una forma más compleja pero a su vez más sencilla, veamos un ejemplo: si yo tengo unas 20 vacas, tú 20 gallinas y Juan 20 cerdos; tú quieres una vaca, yo quiero un cerdo y Juan quiere una gallina.

No puedo darte una vaca por una gallina, porque yo quiero un cerdo. Y Juan no me dará un cerdo por una vaca, ya que él quiere una gallina.

Entonces, aquí viene lo que conocemos como dinero.

El gobierno inventó el dinero para hacer este tipo de negocios más fácil, pero además se queda con una parte del dinero por los impuestos.

La cantidad de dinero que se le da a alguien depende del valor del mercado de cada producto, en este caso de la vaca, de la gallina y del cerdo. La vaca tiene un valor de cuatro monedas, la gallina puede ser de dos monedas y el cerdo de cuatro monedas.

Yo le doy a Juan cuatro monedas por el cerdo, Juan compra dos gallinas con las cuatro monedas, y tú adquieres mi vaca con las cuatro monedas que ganaste de las gallinas.

Y ese es el sistema que usamos hasta el día de hoy, pero: ¿qué pasaba cuando alguien no tenía monedas, o la cantidad necesaria para obtener algún bien? El mundo inventó la deuda, que no es otra cosa que una especie de contrato que firmas y te compromete a pagar en el futuro, porque de no hacerlo, la persona que te dio las monedas tiene derecho a quedarse con los bienes que se acordó en el contrato.

En la actualidad las personas se endeudan por altas sumas de dinero, el sistema financiero ha facilitado el endeudamiento, a tal punto que una deuda se obtiene para pagar otra deuda. Esto precisamente trae como consecuencia esta nueva opción de transacción. Las constantes deudas y la impresión de dinero han generado un gran desplome en el sistema financiero, que requiere una alternativa. Dicha alternativa está disponible y son las criptomonedas.

Los bitcóins, según publica Satoshi Nakamoto, son: "una versión electrónica, *peer-to-peer*, del dinero", por lo que ya no es necesaria la intervención del gobierno ni de entidades financieras. Su propósito es reducir las barreras, los costos y las fronteras de las finanzas globales, esto trae beneficios a todos, pero no a las élites, los ricos y poderosos.

Por eso en el comienzo fueron creadas en el anonimato. Esto lo lograron gracias a que su base está en la criptografía, en las matemáticas y las cifras. No poseen valor, y literalmente son códigos informáticos.

Aunque es difícil para algunos que algo intangible pueda usarse como dinero real, una vez que lo entienden pueden utilizarlo.

Los bitcóins son algo único y diferente a cualquier cosa que haya existido y su capacidad de adopción es general.

Para continuar con su aspecto privado, poseen una clave privada, en forma criptográfica, de esta forma solo el usuario puede acceder a su billetera digital.

Cada usuario posee una billetera virtual con una clave de acceso pública y privada. La clave pública es la dirección que utiliza el usuario para realizar sus transacciones, mientras que las claves privadas se mantienen seguras, sin que terceras personas tengan acceso a la billetera.

Este método facilita las transacciones entre los usuarios a través de la red, generando seguridad y confianza ya que todos son parte de un sistema.

Como las transacciones se hacen en la red y es conocida como cadena de bloques, los bancos, gobiernos ni terceros tienen acceso a ellos, es algo *peer-to-peer* igualitario.

Al ser creado en el anonimato se hace atractivo pero también polémico ya que es un medio que permite pagar actividades ilegales. Pero el dinero físico también lo permite, ¿verdad?

El anonimato se da gracias a su clave privada, aunque para hacer las transacciones es necesario tener la clave pública de la otra persona, pero no se puede acceder a su billetera digital, pues es necesario poseer la clave privada.

Sin embargo a través de la dirección IP se puede hacer un rastreo de las personas, lo que hace que no sean totalmente anónimas.

El rastreo de personas que poseen bitcóins y hacen transacciones es algo trabajoso, mas si las autoridades deciden hacerlo existen los recursos para logralo, pero si no haces nada ilegal no hay de qué preocuparse.

Desde la publicación del artículo de Satoshi Nakamoto, no se sabe mucho acerca de él, pues su identidad no fue revelada. Algunas personas creen que es de nacionalidad australiana y su vida sigue siendo un misterio. Su anonimato hace más interesante la idea de los bitcóins. El artículo fue publicado en un momento de crisis económica, deudas y desorden político y en una guerra mundial financiera. Los bitcóins son una alternativa para comprar y vender, transferir y generar ganancias. Son una moneda digital. Nakamoto nos explica que los bitcóins, son una moneda igual a otras, las puedes adquirir, gastar, donar, ahorrar, son muy parecidas otras, pero en ellas no existe un control central y son anónimas.

Aunque las bitcóins se pueden usar para comprar cualquier producto es difícil compararla con los valores fiduciarios.

Las monedas fiduciarias son más estables que los bitcóins. Es por esto que creo que los bitcóins no son monedas, quizá lo sean en algunos años, y sean una moneda global, que se use en Sudan al igual que Chile, pero por ahora no lo son.

Quizás en diez años vamos a utilizar las monedas para comprar, vender, contratar servicios, pero también existirán otras monedas. Pasaran al menos cien años para que los bitcóins reemplacen por completo a las monedas actuales.

Nuestra salvación tecnológica: el *blockchain*

El *blockchain* (cadena de bloques) es una especie de libro electrónico que registra todos los movimientos de los bitcóins. Así puedes tener acceso a ellos cuando quieras. Este no depende de ninguna entidad, solo los que forman parte de la red tienen acceso a él. Pero las personas no quieren que todos conozcan sus transacciones, por lo cual posee un único inconveniente.

Recuerda que el método de la billetera es anónimo, entonces las personas solo pueden ver la transacción, y no quién está detrás de la transacción, es decir, este proceso solo facilita ver la fluctuación del dinero.

Por eso recibe el nombre de cadena de bloque porque va en cadena, y forma un libro contable que registra las transacciones.

El bloque Génesis fue "minado" en 2009, lo que generó una recompensa de 50 BTC al "minero", estas son gastadas y transferidas, y quedan registradas en cada bloque, con una fecha, un tiempo, participantes (cifrados) y una marca de tiempo.

Los "mineros" o *nodes*" hacen operaciones matemáticas para asegurar que cada transacción y cada bloque se corresponden entre sí. Para ello se hace una prueba de funcionamiento con al menos seis confirmaciones, si alguna de ella no coincide no se hace y es considerado fraudulento e invalidado para prevenir un doble gasto.

Los mineros o *nodes* son una persona o una empresa que mina los bitcóins a través de la informática, además realizan el proceso de confirmación o denegación de las transacciones.

Estos poseen una gran poder sobre la red, ayudan a lograr el consenso para realizar los cambios de códigos centrales e implementar nuevos cambios a la red.

Para confirmar cada transacción los bloques deben ser rastreados de vuelta al bloque Génesis, lo que hace que cada cadena de bloques crezca y dificulte el proceso porque se hace más lento al reducir la velocidad de transacción.

La cadena de bloques también es conocida como "*hash*". Cada *hash* es medida en billones de *hash* por segundo, y el tamaño de un bloque es de 1 MB, por lo que cada cadena de bloques puede manejar entre 3 y 7 transacciones por segundo.

Si lo comparamos con VISA, por ejemplo, VISA maneja alrededor de 200 transacciones por segundo. Para poder competir con este tipo de cadena, los bitcóins necesitan hacer al menos 100.000 transacciones por segundo.

La cadena de bloques está cambiando el sistema cambiario y los bitcóins están llamando la atención pero si juntas todas las criptomonedas en una única tecnología obtendrás la cadena de bloques.

Los gobiernos y los bancos están creando su propia tecnología de cadenas de bloques usando a "*Ethereum*", tratando de sacarle provecho de esta tecnología.

Las bitcóins fueron las pioneras en esta tecnología pero ahora hay más de 800 tipos de criptomonedas. Muchas de ellas son una copia del bitcóin.

¿Qué es la minería y cómo funciona?

En un principio podías usar cualquier ordenador, pero ahora necesitas un ordenador de gran poder.

En el 2010 por cada bloque minado ganabas 50 BTC y el valor era de entre $20 y $50, hoy vale $120.000.

Mientras más bloques son minados, menos quedan por minar, esto es porque los bitcóins son escasos, existen 16 millones en circulación de los 21 millones que hay en total.

Por cada bloque minado la recompensa disminuye a la mitad. En un principio la recompensa era de 50 BTC después del año 2010 bajó a 25 BTC, y cada vez que 210.000 son minados la recompensa baja a la mitad.

Aunque ya no haya más bloques por minar, las transacciones seguirán existiendo y los mineros seguirán haciendo su trabajo. Pero deberán obtener un *hash* para ganar un bloque y generar su recompensa. En los primeros años era difícil obtener un bloque, pero ahora con un súper ordenador es muy fácil. Mientras más mineros es más difícil obtener un bloque y su recompensa. Con el paso de grandes corporaciones de mineros, los mineros caseros se vieron en una gran dificultad.

Hoy existen los *pools*, que son una especie de mineros que realizan el trabajo en conjunto y distribuyen la recompensa según los aportes de cada uno.

Todos los bloques serán minados, y la minería se detendrá. Los *nodes* entonces obtendrán su recompensa a través de la estructura libre de los bitcóins mientras siguen procesando las transacciones. Llegará el momento en el que las tasas obtenidas por las transacciones serán más altas que las recompensas, esto hará que el sistema siga funcionando y los mineros sigan trabajando.

Debido a la popularidad de las bitcóins ha aumentado su uso causando dificultad, generando un sistema más lento. Lo que hace que otras criptomonedas sean más viables.

A pesar de que los bitcóins llevan 8 años, son relativamente nuevas y a pesar del gran potencial que poseen, representan un riesgo. Esto se debe a que no son centralizadas, y si existe una división en la comunidad, y las partes no llegan a un acuerdo no habrá un cambio en el sistema.

El motivo principal es que un bloque posee un tamaño de 1 MB, algunos creen que debería poseer 2 MB, pero esto fue lo que decidió su creador Nakamoto. 2 MB mejoraría no solo el tamaño del bloque sino la capacidad de transacciones por segundo compitiendo con VISA y MasterCard. Aumentando así la recompensa. Pero para esto, se requiere un alto poder informático como el que tienen las empresas de China.

Otra opción para escalar es la compresión de bloques, "SegWit", que saca la información innecesaria.

El no llegar a un consenso podría generar una división y una guerra entre la comunidad.

V. MEJORA HOY EL FUTURO DE TU ECONOMÍA

Este mercado es riesgoso, no es dinero efectivo y el gobierno no lo protege, así que debes ser cauteloso a la hora de invertir, por lo que sugiero que empieces con poco.

Lo primero es tener una billetera digital, ésta la consigues en la página digital www.bitcóin.org.

Luego puedes guardar tu billetera en el ordenador, teléfono, tablet o hasta en un dispositivo USB y se instala como cualquier otra aplicación móvil.

Recuerda generar una clave de seguridad. La billetera tendrá una dirección con números precedidos de letras.

Esta última será tu clave pública, pero nadie podrá saber que tú eres el dueño de esa billetera.

Aunque el hecho de que sean anónimas genera dolor de cabeza al gobierno, no es algo ilegal. Esto por el contrario causa atracción a las personas, ya que no hay una entidad bancaria o gobierno que regule su dinero.

Para poder recibir tus bitcóins debes conocer muy bien tu dirección o clave pública, al hacer la compra deberás cancelar con moneda fiduciaria, pero una vez adentro del mundo de la criptomoneda, te volverás adicto.

Existen diferentes servicios para adquirir bitcóins, pero para los que están empezando se recomienda "Coinbase".

Una vez que deseas comprar, la empresa tendrá que validar tu cuenta y tus datos, por lo que estos deberán ser verdaderos y te enviarán un código a tu número de teléfono.

Puedes tener varias billeteras digitales, solo debes tener cuidado al momento de usarla y recordar muy bien su dirección, ya que un error te puede costar que tus bitcóins lleguen a otra billetera.

Las transacciones suelen tardar por el proceso de verificación de datos por lo que debes tener paciencia al momento de comprar.

Pero siempre puedes chequear tus movimientos, ya que recibirás un ID en la cadena de bloques y a través de las páginas www.blockexplorer.com o www.blockchain.info podrás ver la transacción.

Por la cantidad de usuarios y el tamaño de los bloques, las transacciones suelen tardar algunas horas, recuerda que el sistema no es súper eficiente cuando de tiempo se trata.

Cómo almacenar y asegurar tus bitcóins

Como mencioné anteriormente, la empresa Mt. Gox, principal plataforma de cambio de bitcóins, desapareció en el año 2014 y con ella más de 744.000 bitcóins se perdieron. Nadie sabía que estaba pasando, hasta que más tarde se supo que la empresa se había declarado en quiebra.

Otra empresa que desapareció es Cryptsy. Los usuarios no tuvieron más acceso a sus cuentas y sus bitcóins desaparecieron.

La clave privada permite a los usuarios tener el control de sus billeteras digitales, pero empresas como Coinbase, Bittrex, Polinex o Livecoin poseen el acceso a las billeteras digitales de sus usuarios. Si ellos se declaran en quiebra o deciden desaparecer como en los casos anteriores, no hay mucho que hacer.

Tiempo atrás era difícil comprar de forma segura tus bitcóins, pero ahora existen hardwares que te ayudan a comprar de manera más segura.

Puedes mantener tu billetera en tu móvil o en tu ordenador de manera *offline*, o "*cold storage*".

Existe un disco rígido llamado "MultiBit" que te permite tenerlo en un disco externo y no *offline* sino hasta que este conectado a tu móvil o al ordenador.

Pero si no lo conectas con frecuencia el proceso puede tardar ya que deberá actualizar todos los bloques para poder trasferir tus bitcóins.

Estas billeteras *"cold storage"* mantienen tu clave pública y privada, cuando lo conectas a tu ordenador pones en él los bitcóins y luego lo desconectas. Como nadie puede acceder a tu billetera esta se mantiene segura.

En caso de pérdida o robo, estos posen una opción de frases de recuperación, pero en caso de perder estas últimas, no hay forma de recuperarlo.

Otra opción es mantener tu billetera *online* y así podrás hacer negociaciones de forma más práctica y rápida, pero esta es la menos segura. Para ello, al comienzo te pedirán tu correo electrónico, luego deberás escoger una billetera.

Otro aspecto a considerar son los *"back up"*, esto es relevante, sobre todo para los que utilizan MultiBit. Debes hacer *back up* para recuperar tu billetera si algo falla, para ello necesitas una contraseña que no debes olvidar ni perder.

Con las medidas correctas podrás minimizar la pérdida de tus bitcóins.

Cómo gastar y vender bitcóins

Una recomendación muy importante a tener muy en cuenta es que una vez que adquieres bitcóins no debes venderlas por monedas fiduciarias. Lo que vale un bitcóins hoy no será lo mismo en cinco o diez años. Si hoy puedes comprar un televisor de alta gama, en cinco o diez años con esos mismos bitcóins podrías comprar un coche o una casa.

A medida que la red crezca, más negociantes utilizarán los bitcóins y más valor obtendrán.

Puedes utilizarlas también en Australia para pagar cuentas de casas o gasolina, esto gracias a la página www.livingroomofsatoshi.com.

En el año 2017 procesaron más de cinco millones de dólares en pagos con bitcóins, lo que quiere decir que están siendo utilizadas en el mundo real.

Hoy no es mucho lo que puedes pagar o comprar con esta moneda, pero en el futuro sí lo será.

Invertir en ellas hoy mientras aumenta su valor y esperar a que en algunos años su uso sea común, va a ser un nuevo sistema financiero global conducido por la criptomoneda.

No todos están de acuerdo en que esto será así, algunas personas solo quieren invertir ahora y cobrar las ganancias en moneda fiduciaria que también está bien.

Si esto es lo que quieres, es tan fácil comprar los bitcóins con monedas fiduciarias como venderlas por monedas fiduciarias.

La inversión que realices con bitcóins hoy, tendrá mucho más valor en el futuro. Por ejemplo: si deseas pagar la universidad de tus hijos con bitcóins, fácilmente lo puedes hacer. En cierto modo estas invirtiendo en el futuro y seguramente obtengas más dinero y beneficios de lo esperado creando así tu propia máquina de dinero digital.

De esta manera saldrás del sistema financiero tradicional y estarás asegurando la economía global del futuro.

Lo que se busca en definitiva es: **salir del sistema financiero tradicional.**

Existen empresas que se dedican a vender bitcóins y también son compradores de bitcóins como P2P, Bittylicious y Coinbase. Es súper sencillo comprar y vender, no necesitas ningún tipo de papeles, solo tus datos para registrarte y tus datos bancarios para hacer la trasferencia de fondos.

Con bitcóins puedes comprar cualquier cosa que desees, desde bienes, como pagar servicios, puedes ahorrar y verás tu dinero multiplicado varias veces.

Pero, ¿qué más puedes comprar con bitcóins? A través de la página www.overstock.com, que es un gran mercado en línea, puedes comprar lo que quieras y tienes la opción de elegir pagar con bitcóins.

Si Amazon y Apple comienzan a aceptar este sistema de pago, como se cree que lo harán, las bitcóins explotaran con su precio, por lo que su valor se disparará por los cielos, pues indudablemente son muchos los usuarios que hacen uso de estas páginas para comprar. En este sentido las bitcóins serán mucho más reconocidas y valoradas de lo que ya son.

Si muchas empresas se sumaran a esta nueva estrategia o método de compra el mundo entraría definitivamente en una revolución global financiera.

Bitpay funciona de forma parecida a Overstock, solo que Bitpay te permite generar ganancias de acuerdo a lo que compres.

Empresas como Monaco Card, Token Card y TeneX tienen tarjetas que puedes cargar con criptomonedas y utilizar como tarjetas de débito. Esto te permite usar tus criptomonedas en la vida real. Es un avance increíble que te da la oportunidad de comprar en el mundo real con dinero digital. Y esto es gracias al Ethereum.

¿Qué es el Ethereum?

No es una moneda como muchos piensan, tampoco es y no será una unidad de cambio, sino que es una infraestructura digital, es una generación de activos digitales.

Es una plataforma digital que permite construir una base de programación y permite que cualquier persona pueda realizar operaciones descentralizadas y establecer sus propias reglas y funciones.

Es importante entender también el concepto de criptomoneda.

¿Qué es una criptomoneda?

Las criptomonedas son igual de famosas que el bitcóin, también son descentralizadas y no están bajo el control del gobierno y con ellas se puede transferir dinero a cualquier parte del mundo y sin tasas con costos exorbitantes.

Es muy importante recalcar que no todas las criptomonedas son "monedas", muchas son combustibles y éstas pueden llegar a ser mucho más valiosas que los bitcóin. Muchos empresarios se están sumando a esta nueva alternativa, pues ven el potencial que tiene el bitcóin y lo que puede aportar en el futuro.

¿Cómo comprar Ethereum?

Si comprar criptomonedas es sencillo, comprar Ethereum es mucho más fácil aún. Lo único que debes hacer es el mismo proceso que haces al comprar bitcóins, en páginas como Coinbase o Bittylicious pero comprar Ether con tu dinero fiduciario.

Si requieres hacer el cambio de bitcóin por Ether pues necesitas abrir una cuenta y para realizar el cambio necesitas una billetera. Las billeteras te van a permitir transferir el dinero mucho más rápido. Adicional a esto se mantiene tu dinero protegido de los populares *hackers*. Lo puedes almacenar en una plataforma llamada *Offline*.

Es muy importante que sepas que no debes confundir invertir criptomonedas con invertir acciones en mercados que manejan moneda fiduciaria.

No es lo mismo un Ethereum y un Ethereum Clasic, son acciones distintas. Gracias al bitcóin conocimos a Ethereum, por lo que es de esperarse que este pueda crear nuevas monedas.

De ahí que sea tan necesario que miremos al pasado para poder entender de dónde surge este maravilloso sistema financiero. Sin Internet no hubiera sido posible que existiera nada de lo que hemos estado hablando hasta ahora.

Pensemos en las cosas que surgieron de él, como Facebook, Amazon, Apple, que solo pudieron ser conocidos gracias a Internet. Estas empresas se crearon a partir de la influencia del Ethereum por lo que tú y yo podemos crear nuestra propia empresa comprando Ether. Todo lo que necesitas es tener buenos conocimientos de programación y un proyecto bien elaborado.

Es allí donde te sumerges en el maravilloso criptomundo, la tecnología que te permite generar ganancias que jamás podrías producir de otro modo. Puedes tener dinero inteligente y digital con tu propia máquina creadora de dinero y ningún gobierno puede controlarlo. Como dije en capítulos anteriores, el sistema tradicional ha destruido la economía mundial. Hoy tienes la oportunidad de involucrarte en este sistema sin regulaciones ni control de las autoridades. Ellos creen que esto es un problema y quieren de detener a este sistema alternativo.

El mundo de las criptomonedas puede ser diferente dentro de unos años más. Esto es lo que perturba al sistema financiero tradicional.

El criptomundo es la oportunidad que tenemos hoy de descentralizar nuestras finanzas y poder tener control sobre ellas, además que nos permitirá invertir y no perder lo que hemos invertido, sino por el contrario nos llevará a generar ganancias múltiples en una economía más justa y mejor para todos.

VI. CREA TU PROPIO FUTURO FINANCIERO

El primer paso que debes dar es tomar una decisión. Es momento de que te des cuenta que el sistema financiero de hoy no aporta nada que sea de beneficio para ti, al contrario, tú aportas tu esfuerzo y dedicación en el trabajo para generar el dinero que mantiene a este sistema en la cima de la riqueza.

El poder del sistema se sigue incrementando, se aprovechan de ese poder para obtener a cambio cantidades de dinero incalculables y si llegan a ser descubiertos no son castigados del mismo modo en que lo seríamos tú o yo.

Mientras ellos siguen aumentando su capital financiero, ¿qué estás haciendo tú? Trabajas demasiado y el dinero que obtienes no te alcanza y no lo disfrutas mientras el gobierno y los entes bancarios son quienes se benefician de todo tu esfuerzo y sacrificio.

Estos son los factores que debes analizar para tomar una decisión, puedes dirigirte hacia una posición muy diferente a la que te encuentras hoy.

Estás en medio de una revolución financiera, pero no debes preocuparte por ello, solo es una oportunidad para enfrentarte a ese sistema y al revelarte mostrarás tu capacidad de asumir el control de tus finanzas y de las ganancias de tus inversiones.

El comienzo de la "Criptorevolución" como lo llama Volkering ha llegado y tú eres parte de ese nacimiento de los activos digitales en este avance tecnológico.

Debes enfocarte y pensar en el futuro, en cómo sería si tú llevaras el control del sistema que maneja tu dinero.

¿Te atreves a ser parte de este maravilloso sistema y dejar atrás el sistema financiero tradicional que solo se ha encargado de sacar provecho de tus bienes?

Espero que tu respuesta sea un rotundo "Sí" y, al igual que yo y muchos más, seas parte de este maravilloso mundo Criptorevolucionario.

Quizá necesites saber más para aprovechar al máximo tus oportunidades y por eso quiero invitarte a que sigas formándote con un video-curso que será completamente gratuito para ti: ingresa ahora en www.ingresosconbitcoin.com

¡Te deseo el mayor de los éxitos!

Un abrazo,

Cristian Abratte.

Para más información escríbeme a:
cristian@coachingfinanciero.net.

www.ingramcontent.com/pod-product-compliance
Lightning Source LLC
Chambersburg PA
CBHW071152220526
45468CB00003B/1030